Autor:

SERGIO BARRIONUEVO VALLEJO

LA ENSEÑANZA COMPRENSIVA DE LOS DEPORTES ALTERNATIVOS A TRAVÉS DEL APRENDIZAJE COOPERATIVO

WANCEULEN
Editorial

WANCEULEN
EDITORIAL DEPORTIVA

©Copyright: Sergio Barrionuevo Vallejo

©Copyright: De la presente Edición, Año 2019 WANCEULEN EDITORIAL

Título: LA ENSEÑANZA COMPRENSIVA DE LOS DEPORTES ALTERNATIVOS A TRAVÉS DEL APRENDIZAJE COOPERATIVO

Autor: SERGIO BARRIONUEVO VALLEJO

Editorial: WANCEULEN EDITORIAL
Sello Editorial: WANCEULEN EDITORIAL DEPORTIVA

ISBN (Papel): 978-84-9993-984-1
ISBN (Ebook): 978-84-9993-985-8

DEPÓSITO LEGAL: SE 385-2019

Impreso en España. 2019

WANCEULEN S.L.
C/ Cristo del Desamparo y Abandono, 56 - 41006 Sevilla
Dirección web: www.wanceuleneditorial.com y www.wanceulen.com
Email: info@wanceuleneditorial.com

ÍNDICE

1. JUSTIFICACIÓN

En la sociedad actual se siente, cada vez en mayor grado, la necesidad de disponer de personas con capacidad de **trabajar en equipo** para desarrollar proyectos, tanto a nivel laboral como social. Dichos proyectos deben contar con efectivos que lideren cada uno de los aspectos diferenciales que los compongan y que sepan asignar los roles que deben cumplir los compañeros con los que comparten sus tareas, quienes a su vez deberán desarrollar su labor con el máximo grado de competencia.

Desde el marco escolar se intenta formar a los alumnos para conseguir una óptima integración en la sociedad y prepararlos para desarrollar una vida laboral con el mayor grado de competencia posible. Teniendo en cuenta los principios generales del Real Decreto 126/2014, por el que se establece el currículo básico de Educación Primaria (BOE núm. 52, Sábado 1 marzo 2014) la finalidad de la Educación Primaria es facilitar al alumnado aprendizajes relacionados, entre otros, con los hábitos de convivencia, estudio y trabajo, la creatividad y la afectividad. Esto se concreta de manera especial en **tres** de los 14 **objetivos de la Educación Primaria,** que aparecen en su artículo 7:

a) Conocer y apreciar los valores y las normas de convivencia, aprender a obrar de acuerdo con ellas, prepararse para el ejercicio activo de la ciudadanía y respetar los derechos humanos, así como el pluralismo propio de una sociedad democrática.

b) Desarrollar hábitos de trabajo individual y de equipo, de esfuerzo y de responsabilidad en el estudio, así como actitudes de confianza en sí mismo, sentido crítico, iniciativa personal, curiosidad, interés y creatividad en el aprendizaje, y espíritu emprendedor.

c) Adquirir habilidades para la prevención y para la resolución pacífica de conflictos, que les permitan desenvolverse con autonomía en el ámbito familiar y doméstico, así como en los grupos sociales con los que se relacionan (Sec. I, p. 19353).

Pero la realidad nos dice que factores asociados a la situación educativa en España como el elevado número de alumnos en las aulas o la escasez de recursos hacen que los valores integrados en los tres objetivos anteriores no sean abordados en la medida que se les supone.

La Educación Física como área que dedica la mayor parte de su tiempo a la práctica física, con una interacción constante entre los alumnos, se presenta como un medio ideal para trabajar **elementos transversales** del currículo ligados a los citados objetivos, como son la educación cívica, la prevención y resolución pacífica de conflictos o la igualdad de oportunidades y no discriminación ante cualquier circunstancia personal o social.

Pero, al igual que en el resto de áreas, la **metodología,** utilizada para el desarrollo de los diferentes contenidos, que implica principalmente la interacción profesor-alumno y de los alumnos entre sí, será una pieza fundamental para la consecución de los objetivos y el desarrollo de las diferentes competencias por parte de los alumnos.

Desde este trabajo se van a poner de manifiesto las ventajas del uso de los **deportes alternativos**, desarrollados mediante la hibridación de dos modelos pedagógicos innovadores: el modelo de **enseñanza comprensiva del deporte**, que ofrece desde la iniciación un aprendizaje global, basado en la táctica, lo que favorece un aprendizaje significativo; y el modelo de **aprendizaje cooperativo**, para mejorar diversos aspectos como el respeto a las normas, la resolución pacífica de conflictos, el desarrollo de la iniciativa y el espíritu emprendedor, el liderazgo, el trabajo en equipo y la solidaridad, entre otros.

En cuanto a la elección de los **juegos y deportes alternativos**, se han seleccionado el **Colpbol** y **la Rosquilla** por su alto componente de asociación y trabajo en equipo. De ambos se puede destacar su reglamentación sencilla y primacía del componente táctico sobre el técnico, lo que favorece la **integración** y aumenta la **participación** de todos los alumnos y alumnas, minimizando al máximo las individualidades que a menudo florecen en la práctica de los deportes de cooperación-oposición convencionales.

Conviene destacar, además de las bondades que se acaban de citar, que mediante el uso de los dos modelos pedagógicos a utilizar se va a mejorar la **atención** y **motivación** del alumnado hacia la práctica, puesto que se trata de una metodología activa que implica a los discentes y los hace sentirse partícipes del proceso. Además, se muestra la globalidad de los diferentes deportes desde el inicio a través de juegos, frente a aprendizajes analíticos que hacen que parte del alumnado sienta sensación de fracaso al no conseguir el objetivo y no se implique cognitivamente en resolver retos tácticos, hecho en el que se basa el **constructivismo** que inspira los actuales currículos educativos.

Por otro lado, se va a incidir en la importancia de la **transferencia** de principios reglamentarios, técnicos, pero sobre todo tácticos que resultan similares en los diferentes deportes tratados.

Una vez introducido el marco general en que se encuadra este proyecto, se destaca que se va a desarrollar con un **quinto curso de Educación Primaria**. La elección de dicho nivel se relaciona con la disposición de contenidos que dicta el Decreto 198/2014, por el que se establece el currículo de Educación Primaria en la Región de Murcia (BORM núm. 206, Sábado 6 septiembre 2014), el cual dicta como contenido prescriptivo incluido dentro del bloque V de **Juegos y actividades deportivas** para quinto curso la toma de contacto con los *deportes individuales, colectivos, de adversario, alternativos, etcétera.*

Además, siguiendo la premisa del modelo de enseñanza comprensiva del deporte, se van a simplificar los deportes a tratar a través de diferentes *juegos modificados*, los cuales aparecen también en dicho bloque diferenciados en: *campo y bate, invasión, cancha dividida, blanco y dina, etcétera.*

El **centro educativo** en el que se desarrolla tiene las instalaciones y materiales suficientes, algo fácil de conseguir, ya que otro de los puntos a destacar de este proyecto es la escasez de los materiales necesarios.

Finalmente, conviene mencionar lo que se ha encontrado estimulante para el desarrollo de este proyecto: formar a los alumnos para la vida real mediante el desarrollo de deportes alternativos altamente motivantes, sobre todo en lo que se refiere al trabajo cooperativo e intrínsecamente a este la asunción del liderazgo y de las funciones a desarrollar individualmente dentro de un equipo.

A su vez, conviene destacar que la parte más innovadora del proyecto, por encima del desarrollo de los deportes alternativos, que ya de por sí dan cierto aire de renovación a la Educación Física tradicional, correspondería a la metodología de trabajo a través de nuevos modelos pedagógicos que están siendo desarrollados en la última década, con la intención implicar cada vez en mayor grado a los alumnos en el proceso de enseñanza-aprendizaje y fomentar que dichos alumnos consigan adquirir sus diferentes competencia a través de aprendizajes significativos que perduren en el tiempo.

2. MARCO TEÓRICO

Para dar un soporte teórico a este proyecto se van a analizar de manera analítica los tres elementos principales que aparecen en el título: las competencias, los modelos de enseñanza y los deportes alternativos.

2.1. ¿QUÉ SIGNIFICA EDUCAR POR COMPETENCIAS?

La nueva configuración del currículo escolar establece la adquisición de determinadas competencias clave por parte del alumnado.

En el artículo 2 del Real Decreto 126/2014 quedan definidas como las "capacidades para aplicar de forma integrada los contenidos propios de cada enseñanza y etapa educativa, con el fin de lograr la realización adecuada de actividades y la resolución eficaz de problemas complejos" (Sec. I, p. 19351)

Son introducidas en el currículo con la Ley Orgánica de educación (LOE) (BOE núm. 106, Jueves 4 mayo 2006) como competencias básicas y ligeramente modificadas en la Ley Orgánica para la mejora de la calidad educativa (LOMCE) (BOE núm. 295, Martes 10 diciembre 2013), cuando pasan a denominarse competencias clave.

La incorporación de las competencias clave al currículo educativo permite poner el acento en los aprendizajes que se consideran imprescindibles, desde un planteamiento integrador que se oriente a la aplicación de los aprendizajes.

Cada área contribuye al desarrollo de diferentes competencias y, a su vez, cada competencia se alcanza como consecuencia del trabajo de varias áreas.

Las competencias clave que aparecen en el Real Decreto 126/2014 para Educación Primaria son las siguientes:

1) Comunicación lingüística (CL)

Puede implicar el uso de una o varias lenguas, en diversos ámbitos y de manera individual o colectiva. Se concretan en la comprensión y expresión, tanto oral como escrita.

Contribuiremos a su adquisición ofreciendo una variedad de intercambios comunicativos. Se trabajará de manera continua debido a la *constante comunicación verbal y no verbal* de los alumnos en nuestras sesiones.

2) Competencia matemática y competencias básicas en ciencia y tecnología (CMCT)

La *competencia matemática* implica capacidad de aplicar el razonamiento matemático y sus herramientas para describir, interpretar y predecir fenómenos en su contexto.

La abordamos con tareas donde se utilicen variables cuantitativas de medición y/o cuantificación.

Las *competencias básicas en ciencia y tecnología* proporcionan un acercamiento al mundo físico y a la interacción responsable con él. Incluyen conocimientos sobre higiene, alimentación y salud.

Este proyecto proporciona destrezas sobre dos deportes que se relacionan con hábitos saludables y con el mantenimiento y mejora de la condición física.

3) Competencia digital (CDIG)

Implica el uso creativo, crítico y seguro de las tecnologías de la información y la comunicación (TIC) para alcanzar objetivos relacionados con el trabajo, el aprendizaje, el uso del tiempo libre y la participación en la sociedad.

Se contribuirá utilizando medios audiovisuales para facilitar la asimilación por parte de los alumnos de los contenidos tratados, así como un medio para aumentar la motivación y atención de dichos alumnos.

4) Aprender a aprender (AA)

Supone habilidades para aprender a lo largo de la vida. Requiere capacidad de motivarse y conocer los propios procesos de aprendizaje.

Se ofrecen recursos para planificar actividades físicas, desarrolla habilidades para el trabajo en equipo y contribuir a adquirir aprendizajes técnicos y tácticos generalizables a numerosas actividades deportivas. Todo ello permite que el alumnado sea capaz de regular su propio aprendizaje y la práctica de la actividad física en su tiempo libre, de forma organizada y estructurada. Se busca la consecución de un aprendizaje significativo en cada habilidad para poder ponerlas en práctica sin una excesiva complejidad en su aprendizaje.

5) Competencias sociales y cívicas (CSC)

Se orientan al bienestar personal y colectivo en relación, al conocimiento crítico de los conceptos de democracia, justicia, igualdad, ciudadanía y derechos humanos y civiles. Implican la habilidad para tomar decisiones, resolver conflictos e interactuar con otras personas conforme a normas basadas en el respeto mutuo.

La actividad física es un medio eficaz para facilitar la integración y fomentar el respeto, el desarrollo de la igualdad y el trabajo en equipo.

6) Sentido de iniciativa y espíritu emprendedor (SIEE)

Implica la capacidad de transformar las ideas en actos. Ello significa adquirir conciencia de la situación a resolver y saber elegir, planificar y gestionar los conocimientos, destrezas y actitudes necesarios para alcanzar un objetivo.

Mediante este proyecto se implicará a los alumnos en aspectos de organización individual y colectiva en actividades físico-deportivas. Enfrenta al alumnado a situaciones en las que debe manifestar auto-superación, responsabilidad y honestidad en la aplicación de reglas.

7) Conciencia y expresiones culturales (CEC)

Implica conocer, comprender, apreciar y valorar con espíritu crítico, actitud abierta y respetuosa las diferentes manifestaciones culturales y artísticas.

La Educación Física, atendiendo a su perfil competencial, el cual relaciona las competencias con los estándares de aprendizaje diseñados en el Decreto 198/2014 para la evaluación del alumnado en cada área y nivel de Educación Primaria, contribuye principalmente al *sentido de iniciativa y espíritu emprendedor*, la *competencia matemática y las competencias básicas en ciencia y tecnología* y *aprender a aprender*, dada la naturaleza del área que precisa una metodología activa. Para ello, se deben usar estilos de enseñanza basados en el descubrimiento que permitan al alumno tomar sus propias decisiones para resolver problemas usando su bagaje motor.

También a las *competencias sociales y cívicas,* mediante el planteamiento de actividades en pequeños o gran grupo, en cuanto a la resolución pacífica de conflictos surgidos durante la práctica y el cumplimiento de normas.

2.2. LOS MODELOS DE ENSEÑANZA EN EDUCACIÓN FÍSICA

2.2.1. Aproximación histórica a la metodología en Educación Física

Desde el nacimiento de la Educación Física como asignatura, generalmente asociado a las corrientes gimnásticas de los siglos XIX y XX, han sido varios los enfoques metodológicos usados por los docentes hasta la actualidad.

Si tenemos en cuenta el resumen que realiza en su obra Blázquez (2010), se puede afirmar que la Educación Física, en sus inicios en las diferentes *Escuelas Gimnásticas (alemana, francesa y sueca)* del siglo XIX, se asocia a **estilos metodológicos directivos** centrados en el profesor, donde el alumno únicamente reproduce los ejercicios que aquel propone. Estos estilos continúan con los *Movimientos Gimnásticos (centro, oeste y norte)* del siglo XX, que dan lugar a los Sistemas Rítmicos, Naturales y Analíticos.

Con los contenidos expresivos asociados a los Sistemas Rítmicos, comienza a otorgarse cierto protagonismo a los alumnos. Desde aquí se evolucionará a los **modelos productivos** que giran en torno a las necesidades del alumnado.

Pero en los inicios de la segunda mitad del siglo XX, marcada por las grandes contiendas a nivel mundial, se promueve una *Educación Física de carácter pre-militar* orientada a aumentar la fuerza muscular, flexibilizar las articulaciones y equilibrar el desarrollo corporal a base de una ejercitación racional y metódica. También se afianzan los deportes en el marco educativo, iniciados también en el siglo XIX por la corriente deportiva inglesa de Thomas Arnold y extendidos por el inicio de los Juegos Olímpicos impulsados por el barón Pierre de Coubertain en 1896, aunque con un enfoque hacia el rendimiento y basado en la técnica que hace que sean desarrollados mediante una metodología directiva tradicional por parte del profesor.

A principios de la década de los 70, tres nuevas corrientes desplazan a la gimnasia educativa y se empieza a considerar a la Educación Física como un medio de formación integral del individuo que afecta a los planos motores, psicológicos, afectivos y sociales. Se trata del *deporte adaptado* a las necesidades de los alumnos, con metas educativas y pedagógicas, que rechaza la competición y los modelos mecanicistas; la *Psicomotricidad*, dirigida a niños de 3 a 11 años, donde autores como Picq y Vayer (1969) o Le Boulch (1984) destacan la experiencia corporal y su relación con el espacio, el tiempo y los objetos como el punto de partida de toda acción educativa; y la *expresión corporal*, surgida de los Sistemas Rítmicos, que promueve descubrir el cuerpo como medio de expresión y el desarrollo de la creatividad a partir de disciplinas como la danza, el mimo o el teatro, entre otras.

En esta nueva Educación Física, Delgado Noguera (1991) realiza un intento de unificación conceptual en la didáctica y clasifica los estilos de enseñanza de menor a mayor nivel de implicación y producción por parte de los alumnos:

- *Estilos de enseñanza tradicionales.* El objetivo es la repetición de ejercicios bajo el mando del profesor, que toma las decisiones mientras el alumno actúa de forma pasiva. Se da una respuesta colectiva del grupo al mismo tiempo y mismo ejercicio.
- *Estilos que fomentan la individualización.* Ofrecen una enseñanza diversificada que responde a las características y necesidades del alumnado. Se plantean niveles de enseñanza.
- *Estilos que posibilitan la participación.* Los alumnos realizan funciones docentes, como informar o evaluar. Implican al alumno en el aprendizaje.
- *Estilos que favorecen la socialización.* Se centran en la formación de grupos para incidir en normas y valores, estimular la cooperación, solidaridad y enseñar a trabajar en equipo.

- *Estilos que implican cognoscitivamente al alumno.* Se presenta un problema al alumno que le supone un reto para buscar soluciones. Desarrollan la capacidad de decisión, requieren autonomía y actitud activa por parte del alumno.
- *Estilos que promueven la creatividad.* Fomentan la creación de movimientos e innovación. El profesor deja total libertad al alumno, desarrollando su pensamiento divergente y su libre expresión.

A partir de esta clasificación se incorporan multitud de nuevas propuestas, de entre las que se va a destacar la realizada por Metzler (2005), quien destaca ocho modelos pedagógicos existentes en Educación Física:

- Direct instruction (instrucción directa).
- Personalized system for instruction (sistema personalizado de enseñanza).
- Sport education (educación deportiva).
- Peer teaching (enseñanza entre iguales).
- Inquiry teaching (enseñanza mediante preguntas).
- Teaching games for understanding (enseñanza comprensiva del deporte).
- Teaching for personal and social responsability (enseñanza de la responsabilidad personal y social).
- Cooperative learning (aprendizaje cooperativo).

Un modelo pedagógico implica una visión global del proceso de enseñanza-aprendizaje, teniendo en cuenta las diferentes teorías, los objetivos a largo plazo, el contexto, los contenidos, la evaluación de los aprendizajes de los alumnos y el control del proceso (Mezler, 2005, p.13).

Los modelos pedagógicos no sustituyen a los estilos de enseñanza, sino que los integran como parte de un planteamiento centrado en el estudiante (Fernández-Río, Calderón, Hortigüela, Pérez-Pueyo y Aznar, 2016).

2.2.2. Modelo de aprendizaje cooperativo (AC)

Se define el aprendizaje cooperativo como un "modelo pedagógico en el que los estudiantes aprenden con, de y por otros estudiantes a través de un planteamiento de enseñanza aprendizaje que facilita y potencia esta interacción e interdependencia positivas y en el que docente y estudiantes actúan como co-aprendices" (Fernández-Río, 2014, p. 6).

Aunque se considera una metodología innovadora sus orígenes son bastante lejanos. Andrew Bell (1753-1832) en la India y Joseph Lancaster en Inglaterra (1778-1838) ya utilizan la enseñanza mutua entre iguales, donde un tutor o monitor se empareja con un alumno y le ayuda en lecciones comunes, bajo la supervisión del maestro (Velázquez, 2013).

En Estados Unidos, país donde nace el aprendizaje cooperativo cómo se conoce en la actualidad sufre su mayor desarrollo, se considera su promotor a Parker (1837-1902), quien introduce métodos centrados en la cooperación entre iguales para incidir en el factor social del alumnado (Velázquez, 2013).

En España, Ovejero (1990) sitúa sus inicios con Ferrer Guardia (1859-1909), fundador del movimiento de la Escuela Moderna, basada en los principios de educación integral, igualdad, racionalidad, libertad y solidaridad, con un sentido de la colectividad que la relaciona con el aprendizaje cooperativo.

Pero para entender realmente la importancia de la cooperación entre los alumnos para impulsar los factores sociales, emocionales y cognitivos se hace imprescindible acudir al campo de la Psicología social.

Piaget (1896-1980) destaca la importancia del trabajo grupal en el aprendizaje, puesto que el progreso individual se asocia a confrontaciones interindividuales derivadas de diferentes puntos de vista.

Vygotski (1896-1934) afirma que el individuo aprende en interacción con los demás e introduce un concepto muy importante en el aprendizaje cooperativo, la "zona de desarrollo próximo", la cual define como la distancia entre el nivel real de desarrollo o capacidad de resolver individualmente un problema, y el nivel de desarrollo potencial o resolución de un problema bajo la guía de un adulto o en colaboración con un compañero más capaz. A partir de este concepto y mediante el diseño de tareas adaptadas al nivel de los alumnos se facilita un aprendizaje significativo transferible a otros contextos y situaciones.

Por último, cabe destacar la profundización de la corriente norteamericana en la interdependencia como concepto clave para el actual aprendizaje cooperativo. Velázquez (2013) destaca las aportaciones de Deutsch (1949) y Sherif (1956) al concepto de *estructura de meta*. Diferencian las metas cooperativas (interdependencia promotora de metas), donde cada individuo o subgrupo solo alcanza su objetivo si el resto de individuos o subgrupos también alcanzan las suyas; y metas competitivas, en las que si un individuo o subgrupo alcanza sus objetivos el resto no pueden hacerlo.

Como rasgos principales del aprendizaje cooperativo Velázquez (2013) destaca los siguientes:

- Se trata de una metodología activa en la que se aprende de las tareas realizadas y la reflexión sobre estas.
- Se orienta tanto a objetivos académicos como sociales.
- Utiliza grupos reducidos y heterogéneos para conseguir que todos los alumnos alcancen los objetivos.
- Se basa en el trabajo grupal, pero introduciendo premisas que promuevan el aprendizaje de todos los alumnos.

Autores como Johnson, Johnson y Holubec (2013) consideran que el hecho de agrupar alumnos y asignarles una tarea que implique uno o varios objetivos de aprendizaje no asegura que dichos alumnos cooperen entre sí. En su obra, se destacan cinco características fundamentales que debe cumplir todo aprendizaje que se considere cooperativo:

- *Interdependencia positiva.* Los miembros del grupo dependen unos de otros para alcanzar el objetivo marcado por el docente (no pueden ganar unos y perder otros). Los alumnos tienen dos responsabilidades principales: aprender el contenido o tarea y asegurarse de que el resto de compañeros también lo entiendan.

- *Interacción promotora.* Debe existir contacto directo entre unos y otros en la realización de la tarea. Implica animar y ayudar a los compañeros ante las dificultades, reforzar sus ideas y esfuerzos, tener una visión positiva del otro y empatía para comprender los problemas que se le pueden plantear ante la resolución de un problema.

- *Responsabilidad individual.* Cada miembro del grupo debe ser responsable individual de una parte del trabajo global y llevarla a cabo por el bien común. Para ello, se evaluará el trabajo de cada miembro del grupo y se informará tanto al individuo como a su grupo sobre los resultados obtenidos de los objetivos asignados, lo que implicará que cada alumno se responsabilice ante sus compañeros de aportar su parte al éxito del grupo y nadie pueda escudarse en el trabajo de los demás.

- *Procesamiento grupal.* Todo el grupo debe compartir y discutir la información para tomar decisiones consensuadas sobre qué acciones y conductas han sido útiles y deben mantenerse y cuáles no lo han sido y han de cambiarse. Es decir, la capacidad del grupo para autoevaluarse.

- *Habilidades sociales.* Como resultado de la interacción, los miembros del grupo desarrollarán habilidades de comunicación interpersonal (animar, escuchar activamente, felicitar, corregir), para la gestión del grupo (compartir, aceptar decisiones, respetar turnos), de regulación de los conflictos (mediar, ofrecer soluciones, mantener una postura) y de liderazgo (explicar, orientar, sugerir, dirigir).

Además, Velázquez (2013) en su tesis doctoral añade otras características esenciales para otros autores destacados en esta materia:

- *Recompensa grupal basada en logros individuales* y *existencia de probabilidades iguales de éxito* (Slavin 1996, 1999). Las aportaciones de los alumnos se realizan sin ayuda de otros para que todos alcancen unos determinados objetivos de aprendizaje y así conseguir éxito del grupo. Se consigue que los alumnos se preocupen de sus aprendizajes y el de sus compañeros (se ayuden, compartan información, expliquen, etcétera) y se evita que uno o dos integrantes del grupo se encarguen de todo el trabajo.

- Kagan (2000) diferencia dentro de la interacción promotora la *interacción simultánea* y la *participación equitativa*. Hay que crear estructuras de interacción entre alumnos para favorecer una participación igualitaria que asegure el éxito de todos.

El aprendizaje cooperativo ha sido usado con éxito para el desarrollo de gran cantidad de contenidos en Educación Física, aunque su aplicación a deportes ha sido más complicada, hecho por el que Fernández-Río y Méndez-Giménez (2016) proponen su hibridación con otros modelos pedagógicos.

2.2.3. Modelo de enseñanza comprensiva del deporte (TGfU)

El deporte es la forma más conocida en la sociedad actual de practicar actividad física. Para que sea un hecho educativo hay que adaptar su forma más clásica, el alto rendimiento, el cual según García Ferrando (2009) es competitivo, frustrante y selectivo.

Multitud de autores, entre los que se podría destacar a Barbero (1993), destacan que la simple práctica deportiva no asegura la obtención de los valores positivos que tradicionalmente se le han venido asociando. El citado autor propone una *"depuración deportiva"* que convierta al deporte adaptado a la escuela en un fenómeno transmisor de valores positivos para los alumnos.

Para ello, el deporte debe presentar una serie de características, de entre las que se destacan el *carácter abierto* que fomente la participación e integración de todos los alumnos sobre la habilidad individual, una *reglamentación sencilla y adaptable* a las necesidades de los participantes que facilite la asimilación de los principios tácticos básicos y que adapte la dificultad de ejecución al nivel del alumnado para aumentar la motivación hacia la práctica, utilizar la *competición como un medio* que fomente la cooperación y autosuperación y no como un fin en sí misma o desarrollar la *actitud crítica* ante los valores y actitudes que surgen del deporte rendimiento y/o deporte espectáculo.

Con la misma orientación, Devís (2004) plantea una *"reconstrucción del deporte escolar"* que, sin obviar la competencia motriz, mejore las habilidades sociales, críticas y cognitivas en pos de una formación integral del alumno.

Aunque en los últimos años se ha otorgado gran importancia a los aspectos emocionales, en lo que se refiere a la motivación hacia la práctica deportiva, la cual va íntimamente ligada a la sensación de éxito o fracaso por parte de los alumnos, ya que se considera la pieza fundamental para conseguir la mejora en el resto de dimensiones de cada individuo (física, cognitiva, de relación...).

En este sentido González, Cecchini, Fernández-Río y Méndez-Giménez (2008) diferencian dos **orientaciones del deporte** en el ámbito escolar:

- Al **ego**: habilidad individual, táctica engañosa y factores externos como bases del éxito, así como a la obtención de un estatus social. Se asocia a los métodos tradicionales de enseñanza utilizados en el deporte de rendimiento, que actualmente tienen poca relación con el ámbito educativo.

- A la **tarea**: orienta el aprendizaje y esfuerzo individual hacia el éxito colectivo y se fundamenta en la cooperación y en la diversión experimentada para la obtención de los aprendizajes deportivos. Se identifica con modelos de enseñanza innovadores, que priorizan la motivación hacia la práctica, la integración y el fomento de experiencias exitosas en todo el alumnado.

La **enseñanza tradicional** se caracteriza por sus planteamientos analíticos mediante ejercicios aislados y una enseñanza inicial de las habilidades técnicas aislada del contexto real de juego que precede al aprendizaje táctico. Este modo de proceder es criticado por gran parte de los autores actuales por no mostrar la globalidad del deporte y retrasar la comprensión de los fundamentos tácticos básicos, minimizar la toma de decisiones y porque no produce transferencia de las tareas desarrolladas a situaciones reales de juego.

En contraposición a estos métodos surge la necesidad de presentar mediante juegos y tareas abiertas una iniciación deportiva enfocada al aprendizaje táctico. Se consolida a partir de la propuesta de los británicos Bunker y Thorpe (1982) llamada *Teaching Games for Understanding (TGfU),* que implica al alumno como parte activa del proceso de enseñanza-aprendizaje y deja al profesor como mediador o guía de los aprendizajes de los alumnos.

A continuación, se destacan las características de la enseñanza tradicional y de las corrientes que intentan superar sus limitaciones (Carrera 2016, p106).

Tabla 1. Enfoques de la enseñanza de los deportes (Carrera 2016, p106)

Enfoque	Tradicional	Alternativo o Activo		
Modelo	Técnico	Vertical	Horizontal estructural	Horizontal comprensivo
Raíz	Conductismo	Cognitivismo y constructivismo		
Origen	Revolución industrial (S.XX)	Inglaterra y Francia (S. XX)	Parlebás (1988) Bayer (1979) Hernández Moreno (1994) Blázquez (1995)	Bunker y Thorpe (1982) Devís y Peiró (1992)
Alumnado	Pasivo (a nivel cognitivo)	Activo (a nivel cognitivo)		
Docente	Técnico, instructor	Guía, orientador, mediador de aprendizajes		

Enfoque	Tradicional	Alternativo o Activo			
Objetivo	Dominar técnica (ejecución)	Dominar táctica (percepción y decisión)			
Contenido	Un solo deporte	Un solo deporte. Evolución del juego al deporte	Juegos deportivos con la misma naturaleza estructural y funcional	Juegos deportivos modificados con semejantes problemas estratégicos	
Estilos	Mando directo modificado y asignación de tareas	Descubrimiento guiado y resolución de problemas (principalmente)			
Características	- Repeticiones - Explicaciones detalladas - Situaciones artificiales - Patrones estereotipados - Dependencia	- Ensayo-error - Globalidad - Situación real - Situaciones-problema - Creatividad e imaginación - Autonomía			
Progresión	- Técnica - Táctica - Simulaciones - Deporte	- Juego - Deporte reducido - Deporte	- Situaciones reducidas - Manejo del móvil - Presencia de compañeros - Presencia de Adversarios	- Principios tácticos - Introducir la técnica cuando se vaya dominando la táctica	

Si nos centramos en el modelo comprensivo de enseñanza del deporte, Burke y Thorpe (1982) establecen seis fases para su puesta en práctica:

1. *Juego modificado* del deporte adulto para la iniciación. Se considera la variación de espacios, tiempos y número de jugadores, entre otros.
2. *Apreciación del juego:* los alumnos entienden la reglamentación básica a partir de la práctica de la fase anterior.
3. *Conciencia táctica:* los alumnos integran los principios tácticos fundamentales del deporte practicado a través del juego inicial.
4. *Toma de decisiones apropiadas:* los alumnos, ayudados por el docente, extraen los elementos relevantes que deben trabajar.
5. *Ejecución técnica:* se desarrollan las habilidades técnicas necesarias para el juego.
6. *Realización:* se aúnan los elementos técnicos y tácticos asimilados mediante el juego inicial o alguna variante evolucionada.

A partir de este modelo surgen infinidad de variantes bajo diferentes nombres. En España es desarrollado por diferentes autores, entre los que se destaca la aportación de Méndez-Giménez (2005, 2014), quien postula algunas premisas comunes a todos los modelos derivados de los TGfU:

- Reducir las demandas técnicas del juego. Se antepone el desarrollo de la conciencia táctica y la toma de decisiones al de la habilidad técnica, lo que favorece la resolución de problemas y la comprensión de los juegos.

- Comenzar con juegos deportivos modificados con estructura táctica similar al deporte adulto, pero que resulten más motivantes para el alumno. Deben tener una complejidad táctica creciente que permita aumentar la participación para mejorar el nivel de habilidad y aumentar así la competencia y la motivación para continuar practicando el deporte.
- Evaluar al alumnado durante la práctica de juegos modificados y no en situaciones aisladas construidas por el docente. Se considera una forma ideal de recibir feedback formativo y contribuir al desarrollo de la competencia de los alumnos.
- Utilizar una clasificación de los juegos deportivos con intención de agrupar los que comparten principios tácticos similares y favorecer la *transferencia de conocimientos* entre aquellos de la misma categoría. Se destaca la clasificación de Devís y Peiró (1992), que distingue los juegos deportivos de blanco y diana, campo y bate, muro y pared, cancha dividida e invasión.

2.2.4. Hibridación de modelos

Como se ha comentado con anterioridad, la dificultad de aplicación de algunas de las premisas fundamentales del aprendizaje cooperativo para la enseñanza de algunos deportes, de entre los que se destacan los deportes de cooperación-oposición, hace que se plantee la posibilidad de desarrollar dicho modelo de manera conjunta con otros. En el caso de este proyecto se ha decidido la hibridación con el modelo comprensivo de enseñanza del deporte.

Dicha elección se debe a que se trata de dos modelos activos para el alumnado que comparten gran cantidad de elementos, tal y como destacan en su artículo Fernández-Río y Méndez-Giménez (2016) en base a la literatura revisada por gran cantidad de autores relacionados con la materia:

- El proceso de enseñanza-aprendizaje se centra en el alumno, al que se le otorga un mayor grado de responsabilidad.
- Se desarrollan en un contexto participativo.
- Trabajo en pequeños grupos.
- Interdependencia positiva entre los alumnos de un mismo grupo para conseguir el éxito en la tarea.
- Las tareas se desarrollan en un contexto de práctica real y no es situaciones aisladas y descontextualizadas.
- Se fomenta el desarrollo a nivel social, físico, cognitivo y emocional.
- Se basan en la continua toma de decisiones mediante una interacción social.

2.3. LOS DEPORTES ALTERNATIVOS

En la actualidad, cada vez se observa un mayor número de adultos que practican deporte en su tiempo de ocio, en la mayoría de casos por razones asociadas a la salud y el bienestar físico. No se obtiene la misma sensación en los niños y jóvenes en edad escolar, cuya cultura del ocio es cada vez más sedentaria debido al tiempo que dedican a actividades con las nuevas tecnologías (televisión, móviles, tablets, ordenadores, videoconsolas).

Según el informe *Eurydice (2013)* de la Comisión Europea (Real Decreto 126/2014), el 80% de los alumnos realiza únicamente actividad física en horario escolar. Este hecho debe provocar que los docentes especialistas en Educación Física centren sus esfuerzos en diseñar actividades dinámicas para aumentar el tiempo de actividad motriz en los alumnos, a la vez que divertidas para que los alumnos se planteen practicarlas fuera del horario escolar.

Es aquí donde gran parte de los docentes han encontrado utilidad en los deportes alternativos, en los que la exigencia de habilidad técnica se reduce para favorecer la participación de la mayor parte de los alumnos y alumnas.

Barbero (2000) define los **juegos y deportes alternativos** como *"contenidos nuevos que entran en la Educación Física con gran fuerza y que suponen un enfoque más vivencial y cercano a los intereses de los alumnos, presentándose como nueva opción para ofrecer una Educación Física innovadora, tanto en los contenidos como en la manera de impartirlos"*.

Muy ligado al concepto de deportes alternativos se presenta el de **material alternativo**, definido por Barbero (2000) como *"aquel que no se halla sujeto a los círculos tradicionales de fabricación para el campo de las actividades físicas deportivas o recreativas, o, en el caso de que si lo estuviera, aquel que recibe un uso distinto al que tenía cuando se diseñó"*.

Arráez (1995), destaca algunas razones para incluir los deportes alternativos en Educación Física:

- Permiten fácil improvisación de materiales e instalaciones, que a menudo son escasos, o son asequibles e incluso autoconstruibles.
- Presentan un fácil aprendizaje, puesto que se trata de habilidades sencillas que permiten pasar pronto a situaciones reales de juego en las que además de perfeccionar se divierten.
- Se pueden practicar sin distinción de sexo o edades, ya que el nivel de todo el grupo suele ser bastante homogéneo.
- Se pueden practicar sin tener en cuenta el nivel de destreza de cada participante, al menos en la fase de iniciación, sobre todo si se elimina el elemento competitivo.
- Su intensidad es moderada, se valora más la dimensión cooperativa que la competitiva.

Barbero (2000) añade la posibilidad de evaluar a todos los alumnos partiendo desde cero, ya que generalmente desconocen la actividad y su nivel de habilidad técnica es bajo.

Existen numerosas clasificaciones de los deportes, según las diferentes corrientes y autores. A continuación, se presenta la que incluye en su libro Martínez Gámez (1995) por ser específica de juegos y deportes alternativos y se muestran algunos ejemplos:

- Con implemento: Cesta Crosse y Lineball.
- Con raquetas: Shuttleball y Pelota paleta.

- Con stick: Floorball y Lacrosse.
- De lanzamiento: Frisbee y Malabares.
- De tracción; Sogatira y Tiro al palo.
- Colectivos/cooperativos: Balonkorf y Netball.
- Sobre ruedas: Surfskate y Snowbike.

Para precisar en la clasificación del Colpbol y la Rosquilla, se va a recurrir a la tesis de Robles (2013), quien incluye la clasificación de Parlebás (1981), según la cual nos encontramos ante dos deportes *sociomotrices de cooperación-oposición*, en los que existe incertidumbre en compañeros y adversarios, pero no en el medio físico en el que se desarrollan. También destaca la de Hernández Moreno y Blázquez (1983), quienes tienen en cuenta la situación de los participantes en el espacio y la forma de participación sobre el móvil. Así, los dos deportes a tratar se consideran de *cooperación-oposición practicados en espacio común y mediante participación simultánea*. Si se sigue la clasificación de Devís y Peiró (1992) se conocen como deportes *de invasión*.

El empleo de metodologías activas por parte del docente, junto a las características citadas favorecen el desarrollo de aspectos tan importantes como la *colaboración, socialización, el trabajo en equipo o la prevención y resolución pacífica de conflictos*, todos ellos elementos que se tratan de forma transversal en todas las áreas en Educación Primaria. Además, al alejarse de deportes convencionales en favor de deportes alternativos que minimizan la importancia de la técnica se favorecen aspectos tan importantes como la *coeducación* (Martínez Gámez, 1995), asociada también a la *igualdad efectiva entre hombres y mujeres;* y la plena integración de todo el alumnado, que aparece también como elemento transversal en Educación Primaria bajo el nombre de *igualdad de oportunidades y no discriminación por cualquier circunstancia personal o social.*

3. OBJETIVOS

Todo proyecto debe estar guiado por una serie de objetivos que representan las metas o la razón de ser de dicho proyecto. En este caso, se trata de un objetivo general y cuatro objetivos específicos que subyacen de este.

3.1. OBJETIVO GENERAL

Mejorar la adquisición de competencias por parte del alumnado, incidiendo en las competencias sociales y cívicas, aprender a aprender y el sentido de iniciativa y espíritu emprendedor, a través de una metodología de enseñanza activa del deporte.

3.2. OBJETIVOS ESPECÍFICOS

a. Desarrollar actitudes de trabajo en equipo y asunción de responsabilidades en el alumnado a través de una metodología de trabajo cooperativo en el desarrollo de las sesiones de Educación Física.

b. Favorecer un aprendizaje significativo por parte del alumnado de los contenidos impartidos mediante una metodología de enseñanza comprensiva que parta de la globalidad del deporte de forma simplificada para ir aumentando la complejidad progresivamente.

c. Generar habilidades para relacionar los aspectos técnicos, tácticos y reglamentarios comunes entre las actividades deportivas desarrolladas y las nuevas propuestas para poder transferirlos de manera positiva y agilizar el proceso de aprendizaje.

d. Mejorar la motivación, participación e integración de todos los alumnos y alumnas en las actividades desarrolladas en las sesiones a través de los deportes alternativos y de una metodología pedagógica activa.

4. METODOLOGÍA

Como ya se ha comentado durante la justificación, el proyecto se centra en la puesta en práctica de una metodología concreta para abordar el deporte como contenido en el marco escolar, con el objetivo de lograr el máximo desarrollo de las competencias que aparecen detalladas en los actuales currículos de Educación Primaria. Dicha metodología resulta de la mezcla o, como Fernández-Río y Méndez-Giménez (2016) lo califican en su artículo, hibridación entre dos modelos pedagógicos que han sido muy estudiados y comienzan a ser utilizados por algunos docentes del área: el aprendizaje cooperativo y la enseñanza comprensiva del deporte.

4.1. CRITERIOS METODOLÓGICOS DE ACTUACIÓN

Cabe diferenciar, como parte de la metodología de actuación, los puntos de mayor interés a la hora de poner en práctica este proyecto.

4.1.1. Contextualización

El proyecto abarca *ocho sesiones* desarrolladas para *quinto curso de Educación Primaria,* en un centro educativo de la Región de Murcia. Se ejemplificarán las sesiones con un curso de *24 alumnos* (13 chicas y 11 chicos), los cuales muestran buena predisposición hacia el área, pero a menudo discuten cuando se tratan contenidos de manera competitiva.

Como instalaciones y recursos materiales se destacan la pista polideportiva del centro, porterías, canastas, aros, balones ligeros y conos. Además, los alumnos contarán con hojas de registro, diseñadas por el maestro para la observación de algunos ítems relacionados con la práctica.

4.1.2. Modelos pedagógicos

Como se ha avanzado durante la justificación y el marco teórico, la intervención didáctica se va a llevar a cabo mediante el uso de dos modelos innovadores para la enseñanza de la Educación Física:

Aprendizaje cooperativo

Se usarán algunas estructuras destacadas en el desarrollo de contenidos en este modelo, de entre las que Fernández-Río et al. (2016) destacan:

- *Resultado colectivo* de toda una clase en vez de individual, parejas o pequeños grupos, aportando cada persona su esfuerzo al logro global.
- *Parejas-Comprueban-Ejecutan.* Grupos de cuatro estudiantes colaboran para aprender; se emparejan para enseñarse mutuamente y cuando dominan el contenido se juntan con la otra pareja para comprobar el correcto aprendizaje de la tarea.
- *Piensa-Comparte-Actúa.* Se plantea un reto a los grupos de estudiantes que deben resolver; individualmente deben pensar y luego como grupo compartir, discutir y negociar para lograr resolver problemas tácticos.

- *Grupos de aprendizaje* (de 6 a 12 alumnos). Se plantean solo dos roles para los estudiantes: uno activo motrizmente: ejecutor; y otro pasivo motrizmente, aunque no cognitivamente: docente/árbitro/anotador.

Enseñanza comprensiva del deporte

Para el aprendizaje del Colpbol y la Rosquilla se tendrán en cuenta las evoluciones citadas por Méndez-Giménez (2005, 2014) sobre las premisas que establecen Burke y Thorpe (1982) para el inicio de la enseñanza comprensiva.

1. El profesor deberá presentarlos como **deportes de invasión**, que comparten *principios tácticos generales*:

En ataque: mantener la posesión; progresión hacia la meta contraría; comunicación y contracomunicación motriz; objetivo gol o punto.

En defensa: recuperar la posesión, impedir la progresión hacia la propia meta; comunicación y contracomunicación motriz; evitar gol o punto.

2. Aproximación táctica mediante juegos modificados que integren elementos comunes en situaciones y espacios reducidos. Se plantearán juegos simplificados variando las reglas para facilitar la participación y asimilación táctica y reglamentaria por parte del mayor número de alumnos.

3. Toma de decisiones apropiadas. El docente diseña tareas polarizando la atención en los aspectos más relevantes o difíciles de asimilar.

4. Se dan algunas premisas sobre desviaciones en la técnica, aunque las demandas de ambos deportes son muy reducidas. Se tratan de eliminar posibles conductas peligrosas.

5. Aumentar la dificultad y especificidad de dichos juegos, integrando los distintos elementos trabajados.

6. Práctica en situación real de juego y evaluación que proporcione un feedback formativo y ayude al desarrollo de la competencia de los alumnos.

4.2. CONTENIDOS

4.2.1. Contenidos principales del proyecto

- El Colpbol y la Rosquilla como deportes alternativos integradores que fomentan la igualdad entre participantes.
- Utilización del modelo de aprendizaje cooperativo y el modelo de enseñanza comprensiva del deporte, para mejorar la motivación y participación del alumnado en las sesiones de Educación Física.
- Uso de estructuras específicas de aprendizaje cooperativo asociadas al área de Educación Física para el desarrollo de actitudes de trabajo en equipo y asunción de responsabilidades en el alumnado.
- Empleo del modelo de enseñanza comprensiva del deporte en el Colpbol y la Rosquilla para fomentar un aprendizaje significativo, basado en un aprendizaje global de dichos deportes desde la iniciación mediante juegos

simplificados que aumentarán progresivamente su complejidad.

- Transferencia positiva entre los elementos técnicos, tácticos y reglamentarios comunes al Colpbol y la Rosquilla, así como a los deportes de invasión en general, para agilizar el proceso de aprendizaje.

4.2.2. Desarrollo de los elementos transversales

Conviene citar, por la necesidad de abordarlos desde todas las áreas del currículo, los principales elementos transversales que se van a desarrollar:

- *Educación cívica y Educación para la paz, la libertad y la justicia.* Se desarrollan con el cumplimiento de normas y en actividades de aprendizaje cooperativo, como Piensa-comparte-actúa o Grupos de aprendizaje, en las que deben dialogar y llegar a acuerdos comunes aportando información.

- *Prevención y resolución pacífica de conflictos.* Las tareas relacionadas con deportes de cooperación-oposición, en las que cada grupo defiende unos intereses propios se consideran un contexto en el que pueden surgir conflictos de intereses. Mediante un enfoque educativo el profesor guiará a los alumnos hacia su resolución mediante el diálogo, así como a su prevención mediante normas de juego limpio y la introducción de actividades puramente cooperativas que hagan que los alumnos trabajen juntos por el mismo objetivo.

- *Igualdad de oportunidades entre distintos sexos y realidades sociales.* La formación de grupos mixtos en cuanto al género y las características técnicas de los deportes usados (minimizan las individualidades), hacen que se convierta en un proyecto que potencia al máximo estos valores. A ello se une el tratamiento de estos contenidos en alguna vuelta a la calma mediante estructuras de aprendizaje cooperativo cuando el docente observe que ha surgido alguna actitud contraria a estos valores.

- *Educación para la salud.* Se inicia a los alumnos en dos deportes no convencionales en los que el grado de participación es muy elevado por sus características intrínsecas (facilidad técnica y aspectos tácticos básicos fácilmente asimilables). Se debe tratar de fomentar la práctica de estos y otros deportes fuera del horario escolar, con el objetivo de mejorar la salud y la calidad de vida del alumnado.

4.3. CRONOGRAMA

En primer lugar, se muestran las actividades con las que se van a desarrollar los contenidos, los elementos transversales y la secuenciación de sesiones.

Tabla 2. Contenidos y metodología empleada durante las sesiones

Sesiones	Contenido principal	Elementos transversales	Estructuras de AC	Fases de TGfU
1	Indagación hacia los deportes de invasión		- Resutado colectivo - Piensa-comparte-actúa	- Introducción a los deportes de invasión - Juegos simplificados
2, 3	Principios tácticos generales del Colpbol y la Rosquilla	- Educación cívica y constitucional. - Educación para la paz,	- Resultado colectivo - Piensa-comparte-actúa	- Juegos modificados - Toma de decisiones - Corrección de desvia-ciones técnicas
4, 5, 6	Situaciones tácticas reducidas del Colpbol y la Rosquilla	- Prevención y resolución pacífica de conflictos - Igualdad de oportunidades entre distintos sexos y realidades sociales	- Piensa-comparte-actúa - Parejas comprueban -ejecutan	- Aumento progresivo de la dificultad y especificidad de las actividades
7,8	Situación real de juego y variaciones reglamentarias para incidir en aspectos tácticos	- Educación para la salud	- Piensa-comparte-actúa. - Grupos de aprendizaje	- Deporte modificando la situación real y/o polarizando la atención en aspectos clave - Situación real

Antes de comenzar con el desarrollo de las sesiones conviene destacar las características más importantes del Colpbol y la Rosquilla.

El Colpbol

Considerando la obra de Bendicho (2010), se trata de un deporte de invasión en el que se enfrentan dos equipos mixtos de siete jugadores (seis jugadores de campo y el portero) en un campo de 40x20 metros con dos porterías en ambos extremos de 2x3 metros. El objetivo es introducir el balón en la portería contraria mediante golpeos. El balón es esférico, de circunferencia de 65 a 72 centímetros y peso de 150-180 gramos. La duración para los escolares que nos atañen es de dos partes de 12 minutos y descanso de 5 minutos (8 a 12 años).

Como reglas básicas se destacan:

- No se permite el golpeo con las piernas, excepto para el portero cuando se encuentra en acción defensiva y dentro del área.
- No se permiten dos golpeos consecutivos del mismo jugador.
- No se permite golpear el balón con el puño cerrado, retener, agarrar o lanzar el balón con una o ambas manos.
- Todas las infracciones implican un saque de banda desde el lugar más cercano al que se cometieron (no hay penaltis).

La Rosquilla

Deporte de invasión que enfrenta a dos equipos de 5 jugadores en un campo de 30x15 o 25x12 metros, con dos círculos de 3 metros de diámetro en cada extremo. Se juega con un aro de 27-28 cm. de diámetro. El objetivo es recibir en el círculo en el que se ataca, introduciendo el brazo en el aro tras pase de un compañero, lo que se llama una rosquilla. Se juegan tres periodos de 10 minutos con descansos de 5 minutos entre ellos.

Como reglas básicas se destacan:

- El partido comienza con salto entre dos en el centro de la pista.
- Una rosquilla vale de 2 puntos en situación de juego, 3 puntos si se lanza desde detrás de la línea central del campo y 1 punto en lanzamientos con barrera (desde una línea a 5 metros del círculo).
- El jugador con aro no puede dar más de dos pasos, ni tener el aro en su poder más de 5 segundos. Se permite pivotar.
- Si un jugador atacante está más de 5 segundos dentro del círculo se sancionará con un saque de banda a favor del equipo contrario.
- Cuando dos jugadores recepcionan el aro a la vez, se hace un salto entre dos.
- El defensor no podrá acercarse a menos de 1 metro al jugador con aro.
- Si el aro toca el suelo, el equipo que no lo haya tirado saca desde el lateral.

- Si un jugador pisa el área que defiende se sanciona con falta grave, lo que da opción a realizar dos lanzamientos con barrera al equipo contrario.
- Los lanzamientos con barrera los realizan dos jugadores atacantes (uno situado en el círculo del equipo contrario y otro en la línea de los 5 metros del círculo) deben intentar hacer rosquilla. El equipo defensor colocará una barrera, como máximo con 4 jugadores a 3,5 metros del lanzamiento.

Destacar también el significado de la simbología utilizada en las representaciones gráficas que ilustran las tablas.

◖	Frisbee
	Alumno en movimiento con móvil
	Alumno en movimiento
▲	Cono
◯	Atacante
◖●	Atacante con móvil
△	Defensor
⟶	Pase
➡	Lanzamiento
▭	Portería
◯	Zona de puntuación (Rosquilla)

Figura 1. Leyenda de símbolos utilizados en las representaciones gráficas

Sesión 1. Juegos de invasión

Instalaciones y recursos materiales: pista polideportiva; aros, balones de gomaespuma, conos, frisbees.

Tabla 3. Ejemplo 1 de desarrollo de actividad en la sesión

Actividad 1. Tiro al plato		
Descripción y organización	Estructuras de aprendizaje asociadas	Representación gráfica
En dos grupos de 12 alumnos, formando dos círculos concéntricos alrededor del profesor. Cuando el profesor lanza dos frisbees al aire los alumnos del círculo interior tratan de hacer diana con sus balones de gomaespuma, mientras los del círculo exterior tratan de alcanzar los balones de gomaespuma antes de que caigan al suelo. Cada impacto al frisbee sumará 50 puntos y cada balón recepcionado antes de botar, 20 puntos. Se trata de sumar el máximo de puntos entre los dos grupos (cooperación) en cada ronda.	**AC** - Resultado colectivo (todo el grupo trabaja con el mismo objetivo). **TGfU** -Iniciación a deportes de invasión (percepción de trayectorias y ocupación de espacios)	
		Aspectos clave
		- Habrá 10 rondas con cambio de rol cada dos rondas. - Se irá aumentando la distancia entre los círculos de manera progresiva

Tabla 4. Ejemplo 2 de desarrollo de actividad en la sesión

Actividad 2. Nos vamos de caza		
Descripción y organización	**Estructuras de aprendizaje asociadas**	**Representación gráfica**
En dos grupos de 12 alumnos distribuidos por toda la pista. Un equipo, los cazadores, ataca con balón de gomaespuma intentando alcanzar a algún miembro del equipo contrario, los leones. Mientras, el otro equipo trata de que ningún miembro sea alcanzado. Cuando alcanzan a algún león, los cazadores deben volver rápidamente al refugio, ya que los leones pueden recoger la pelota para atacarles antes de que entren en dicho refugio. Si lo hacen, el león herido quedará sano y el cazador pasará a ser león. Si no lo consiguen el león pasará a ser cazador.	**AC** - Piensa-comparte-actúa. Tras los cinco primeros minutos se dejan dos para que cada grupo organice estrategias de caza y huida. **TGfU** -Iniciación a deportes de invasión (ocupación de espacios e iniciación al contraataque) .	
		Aspectos clave
		- Para cazar solo se puede impactar con el balón por debajo del pecho. - Si un león coge el balón sin que caiga al suelo cuando intentan cazarlo, el cazador pasa a ser león. - Gana el equipo que más integrantes tenga al final. - Cada cinco minutos se cambia de rol. - Todo el equipo de cazadores debe haber tocado el balón antes de lanzar para cazar.

Sesiones 2, 3. Juegos modificados

Instalaciones y recursos materiales: pista polideportiva; porterías, canastas, saltómetros, aros, balones de playa, conos y petos.

Tabla 5. Ejemplo 3 de desarrollo de actividad en la sesión

Actividad 3. Encesta la Rosquilla		
Descripción y organización	**Estructuras de aprendizaje asociadas**	**Representación gráfica**
Todo el grupo se distribuye por la pista. En un extremo se colocan seis alumnos con las Rosquillas (aros) y en el extremo contrario dos conos o metas. Se conceden 40 segundos para que consigan encestar el máximo número de Rosquillas en los conos. *Variante 1: se hacen dos grupos de 12 alumnos y se asigna un cono a cada grupo como meta para incluir el aspecto competitivo. Se dejan dos minutos y medio para que cada equipo elabore una estrategia para encestar el mayor número de aros.	**AC** - Resultado colectivo (todo el grupo trabaja con el mismo objetivo). - Piensa-comparte-actúa. Cada alumno tiene 10 segundos para aportar información al grupo y 30 segundos adicionales para alcanzar un consenso. **TGfU** -Iniciación a aspectos tácticos y técnicos de la Rosquilla (percepción de trayectorias, ocupación de espacios, pase-recepción, lanzamiento e interceptación). - Toma de decisiones. - Corrección de desviaciones técnicas graves y/o peligrosas.	 **Aspectos clave** - Se irá reduciendo el tiempo cinco segundos cada intento hasta dejar 10 segundos. - Se introducen reglas como aumentar progresivamente la distancia de lanzamiento al cono para mejorar los lanzamientos o que todos los miembros del grupo tengan que tocar el aro al menos una vez para fomentar la participación y trabajar el pase-recepción.

Tabla 6. Ejemplo 4 de desarrollo de actividad en la sesión

Actividad 4. Minivoley		
Descripción y organización	**Estructuras de aprendizaje asociadas**	**Representación gráfica**
Cuatro grupos de seis alumnos, en campos de 4x4 metros separados por una red (cinta de balizamiento atada a canastas y saltómetros) realizan encuentros de Minivolei 3+3 cooperativo, con red baja para familiarizarse con el golpeo de balón, intentando sumar el máximo número de pases seguidos. *Variante 1: 3x3 competitivo con red más alta para facilitar trabajar el pase, la percepción de trayectorias y ocupación de espacios vacíos, además de la interceptación mediante golpeos de balón. *Variante 2: 6x6 competitivo, uniendo dos grupos en campos de 8x5 metros.	**AC** - Resultado colectivo (todo el grupo trabaja con el mismo objetivo). - Parejas-comprueban-ejecutan. Previo a la variante 2 se dejan tres minutos. Modificado para grupos de seis, cada alumno de un grupo durante 30 segundos comparte con los compañeros lo que ha aprendido. **TGfU** - Iniciación a aspectos tácticos y técnicos del Colpbol (percepción de trayectorias, ocupación de espacios, pase e interceptación). - Toma de decisiones. - Corrección de desviaciones técnicas graves y/o peligrosas (prohibición de golpear con el puño cerrado).	**Aspectos clave** - Solo se puede contactar una vez con el balón para pasar (no se pueden hacer autopases). - Hay que impactar o golpear el balón. No se puede retener. - No se puede impactar con piernas, ni pies. - Se permite un bote de balón entre cada pase.

Sesiones 4, 5, 6. Aumento de la dificultad y especificidad de los juegos

Instalaciones y recursos materiales: pista polideportiva; porterías, canastas, aros, balones de playa, conos y petos.

Tabla 7. Ejemplo 5 de desarrollo de actividad en la sesión

Actividad 5. Los 10 pases		
Descripción y organización	Estructuras d aprendizaje asociadas	presentación gráfica
En cuatro grupos c seis alumnos en ur espacio de un cuar de pista, 3x3 con e objetivo de completar 10 pase seguidos, sin que e equipo defensor intercepte el aro. ! contabilizan los cic de 10 pases realizados por cad equipo. *Variante 1: tras realizar los 10 pasε se puede lanzar el aro a uno de los dε conos situados en dos extremos del campo para puntu *Variante 2: se juntan dos grupos juegan 6x6 en un tercio de campo.	- Parejas-comprueban-ejecutan. Ídem actividad 4. *TGfU* - Iniciación a aspectos táctico técnicos de la Rosquilla (percepción de trayectorias, ocupación de espacios libres, pase-recepción, lanzamiento, desplazamiento: defensivos e interceptación). - Toma de decisiones. - Corrección de desviaciones técnicas graves) peligrosas.	
		Aspectos clave
		ugador con aro solo le dar dos pasos. se puede defender a os de dos metros al ino con aro. los los componentes ;rupo deben haber do el aro antes de arlo al cono.

Tabla 8. Ejemplo 6 de desarrollo de actividad en la sesión

Descripción y organización	Estructuras d aprendizaje asociadas	presentación gráfica
e forman cuatro grup e seis alumnos. on un balón de playa eben conseguir pasar ncho de la pista olideportiva pasándo l balón sin que éste ɔque el suelo. ada vez que un equip ɔ consiga se suman 1(untos y vuelven a omenzar desde la oril ontraria. uando no lo consigue uelven a empezar des a misma orilla. Variante 1: se enfren os equipos, pero ante ificultad añadida se ermite al equipo tacante un bote de alón entre cada pase. Variante 2: se ntroducen metas ːablero de la canasta) e sustituye llegar a la nea por lanzamientos uando todos hayan ɔcado el balón.	**AC** - Resultado colectivo (todo grupo trabaja cɔ el mismo objeti - Piensa-compaɪ actúa. Antes de la variɑ 2. Ídem actividad ː **TGfU** -Iniciación a aspectos tácticc técnicos del Colpbol (percepción de trayectorias, ocupación de espacios, pase, lanzamiento e interceptación). - Toma de decisiones. - Corrección de desviaciones técnicas graves peligrosas (prohibición de golpear con el ρ cerrado).	(ver imagen) **ːpectos clave** o se puede actar una vez el balón para ɪr (no se Jen hacer ιpases). y que impactar lpear el balón. e puede ner. se puede actar con าas, ni pies.

Sesiones 7, 8. Situación real y pequeñas modificaciones reglamentarias

Instalaciones y recursos materiales: pista polideportiva; porterías, aros, balones de playa, conos y petos.

Tabla 9. Ejemplo 7 de desarrollo de actividad en la sesión

Actividad 7. La Rosquilla		
Cuatro equipos de seis alumnos se enfrentan dos a dos en un tercio de pista, con dos círculos de tres metros de diámetro dibujados con tiza en ambos extremos. El móvil de juego es un aro. El objetivo es recibir el aro dentro del círculo defendido por el equipo contrario. *Variante 1: 5x5 con un árbitro y un observador que anota en una hoja de registro. Todos pasan por estos roles	**AC** - Grupos de aprendizaje. En la variante 1, donde se introduce un árbitro y un observador. Se va cambiando de rol cada 5 minutos. - Piensa-comparte-actúa. Tras ejecutar la variante 2 se reúnen y comentan en 30 segundos sus anotaciones. **TGfU** -Iniciación a aspectos tácticos y técnicos de la Rosquilla (percepción de trayectorias, ocupación de espacios, pase-recepción, lanzamiento e interceptación). - Toma de decisiones. - Corrección de desviaciones técnicas graves y/o peligrosas. - Práctica real, incidiendo en aspectos clave mediante estrategias globales modificando la situación y/o polarizando la atención en aspectos necesarios.	- El jugador con aro solo puede dar dos pasos. - No se puede defender a menos de dos metros al alumno con aro. - No se puede estar en la zona de puntuación más de tres segundos. - Cuando el aro cae al suelo el último equipo en tocarlo pierde la posesión.

Tabla 10. Ejemplo 8 de desarrollo de actividad en la sesión

Descripción y organización	structuras de aprendi asociadas	presentación gráfica
uatıv cquıpos uc eis alumnos se nfrentan dos a os en media pista olideportiva. Se ʳata de hacer anto en la ortería contraria on un balón de laya. En caso de ue caiga al suelo l último equipo on posesión la ierde. Todas las ıfracciones se ancionan con ʲlta, que se sacará esde la banda a la ltura de la ıfracción. Variante 1: olpbol 7x7 a ampo completo on tres árbitros ᴜno principal y os en áreas), un notador y seis bservadores que notan en hojas de ʌgistrᴏ	Aᴄ Grupos de aprendizaje variante 1, donde se troduce un árbitro y u ɔservador. Se va ımbiando de rol cada nco minutos. Piensa-comparte-actú ras ejecutar la variantᶒ ᶒ reúnen y comentan ᶒ 0 segundos sus ꞑotaciones. *TGfU* niciación a aspectos ᶒcnico-tácticos del Col ɔercepción de ʳayectorias, ocupación spacios, pase, lanzami interceptación). Toma de decisiones. Corrección de esviaciones técnicas ʳaves y/o peligrosas. Práctica real, incidienc n aspectos clave mediː strategias globales ꞑodificando la situacióı /o polarizando la atenᶒ n aspectos necesarios.	**Aspectos clave** se puede ıctar con ꞑas, ni pies. El ero será el ɔ que pueda ear con el pie y en acciones ꞑsivas. ɔ se puede actar una vez ᶒl balón para r (no se pueden ʳ autopases). se puede ꞑer el balón.

4.4. DESARROLLO DE LAS COMPETENCIAS CLAVE

Se ha contribuido principalmente al desarrollo de cuatro competencias clave:

Sentido de iniciativa y espíritu emprendedor. Los alumnos deben resolver problemas por sí mismos, con la colaboración de sus compañeros y el docente. Deben aportar sus propias iniciativas y opiniones en las estructuras diseñadas para el aprendizaje cooperativo.

Aprender a aprender. Durante la práctica los alumnos adquieren estrategias propias para resolver problemas de índole técnica y sobre todo táctica, habilidades de comunicación social para la participación en agrupamientos, así como asumir el liderazgo en diferentes momentos durante las actividades.

Competencias sociales y cívicas. Forman parte de variados agrupamientos y han de respetar unas normas de comportamiento y unas reglas específicas fijadas para las actividades. Participan en actividades donde debaten y deben respetar turno de palabra y opiniones ajenas diferentes a las propias. También resuelven conflictos surgidos durante la práctica y aprenden a prevenirlos.

Comunicación lingüística. Participación en actividades sociomotrices, debates y actividades de aprendizaje cooperativo, donde se desarrollan habilidades de lenguaje verbal y no verbal.

5. EVALUACIÓN

Una parte muy importante del proyecto es la de supervisar y comprobar en qué grado se cumplen los objetivos fijados y plantear propuestas de mejora para aquello que no se haya cumplido o se pueda mejorar. Es lo que se conoce como evaluación y afecta a todo el proceso, no únicamente a los resultados finales. Se trata de *una actividad que comporta la recogida de información, la emisión de un juicio de valor y la toma de decisión* (Blázquez, 2006).

Su **finalidad** principal es conseguir una mejora del proceso de enseñanza-aprendizaje, el cual engloba la *acción docente*, los *objetivos* propuestos, los *medios y los recursos* empleados y el *resultado final*.

La planificación de la evaluación ha de dar respuesta a *quién, qué, cómo y cuándo* evaluar, cuestiones que se pasan a detallar a continuación.

5.1. MOMENTOS Y AGENTES DE LA EVALUACIÓN

En respuesta a cuándo y quién ha de evaluar, Blázquez (2006) habla de un proceso continuo que debe valorar todo el desarrollo de un proyecto y diferencia, según el momento en que se realiza, tres momentos:

Evaluación inicial. Permite conocer el nivel de partida del alumno, detectar la necesidad de posibles adaptaciones, etcétera.

La realiza el **profesor** durante las actividades ejemplo 1 (Tiro al frisbee) y 2 (Nos vamos de caza), mediante una hoja de registro (Anexo I) que analiza de manera grupal y en alumnos que se desvían de la normalidad el nivel de sus habilidades para cooperar, integrarse en un grupo, asumir el liderazgo en las actividades y la motivación hacia la práctica deportiva.

Evaluación formativa. Se refiere a la valoración realizada a diario por los **alumnos** y el propio **profesor,** mediante el uso de los instrumentos de evaluación diseñados que aparecen en los anexos. Permite controlar el progreso del alumno en el desarrollo de sus capacidades, diagnosticar las causas de sus posibles deficiencias, motivar a los alumnos en su progreso continuo o estimular la superación de sus limitaciones, contrastar la eficacia o ineficacia de las situaciones propuestas y, en consecuencia, revisar su diseño.

Evaluación sumativa. Se realiza al final del proyecto para comprobar los logros de aprendizaje de los alumnos y la adecuación de las actividades en relación con los objetivos propuestos. Es decir, la valoración final una vez recogidos todos los datos del proceso (evaluación formativa) y comparados con los de la evaluación inicial.

5.2. CRITERIOS DE EVALUACIÓN

Para responder a la pregunta ¿Cómo evaluar?, se han de establecer unos criterios de evaluación (CE), los cuales en este caso han sido elaborados tomando como referentes los objetivos planteados para el proyecto.

CE 1 ¿Se han desarrollado actitudes de trabajo en equipo y asunción de responsabilidades en el alumnado? **Objetivo a.**

CE 2 ¿Se ha favorecido el aprendizaje significativo por parte del alumnado de los contenidos impartidos? **Objetivo b.**

CE 3 ¿Se ha enfocado el deporte de forma global, partiendo de situaciones simples para ir aumentando la complejidad progresivamente? **Objetivo b.**

CE 4 ¿Se observan en los alumnos habilidades para relacionar los aspectos técnicos, tácticos y reglamentarios comunes y transferirlos de manera positiva para agilizar el proceso de aprendizaje? **Objetivo c.**

CE 5. ¿Se percibe un aumento en la motivación, participación e integración de los alumnos y alumnas en las actividades desarrolladas? **Objetivo d.**

5.3. INSTRUMENTOS DE EVALUACIÓN

Una vez que se conoce qué se quiere evaluar, conviene plantear cómo voy a proceder. Se va a realizar una evaluación basada en la observación directa como procedimiento, por parte del docente y de los alumnos, tanto del proceso de

SERGIO BARRIONUEVO VALLEJO

aprendizaje como de los contenidos y la metodología utilizada.

Para que dicha observación sea lo más sistematizada y objetiva se han diseñado diferentes instrumentos de evaluación (IE) asociados a los criterios de evaluación citados con anterioridad.

IE 1. Evaluación del nivel participación e integración del alumnado, de la cooperación y de la asunción de los roles asignados (Anexo II). **CE 1 y 5.**

IE 2. Evaluación de la transferencia de los aprendizajes tácticos elementales adquiridos (Anexo III). **CE 2 y 4.**

IE 3. Cuestionario de valoración subjetiva del alumno sobre la complejidad de las actividades y la motivación hacia la práctica (Anexo IV). **CE 3 y 5.**

A continuación, se van a resumir y relacionar en una tabla los diferentes elementos que dan forma a este proyecto.

Tabla 11. Cuadro resumen de los elementos que componen el proyecto

Objetivos	CE	IE	Competencias	Actividad
a. Desarrollar actitudes de trabajo en equipo y asunción de responsabilidad a través del AC	1. Trabajo en equipo y asunción de responsabilidades	*Escala de valoración*	CSC CL SIEE AA	Todas las actividades
b. Favorecer un aprendizaje significativo mediante TGfU (globalidad y de simple a complejo)	2. Aprendizaje significativo	*Registro de acontecimientos*	AA SIEE CSC	3, 4, 5, 6
	3. Deporte global y aumento de complejidad	*Cuestionario de valoración subjetiva*		
c. Relacionar aspectos técnicos, tácticos y reglamentarios y transferirlos	4. Habilidades para relacionar los aspectos comunes y transferirlos	*Registro de acontecimientos*	AA CMCT	Todas las actividades
d. Mejorar la motivación, participación e integración con deportes alternativos y metodología activa	5. Motivación, participación e integración	*Escala de valoración*	CSC SIEE AA	Todas las actividades
		Cuestionario de valoración subjetiva		

6. REFLEXIÓN Y VALORACIÓN PERSONAL

Considero de vital importancia comenzar destacando que se trata de un proyecto tan *innovador en la propuesta metodológica*, como *realista y aplicable* a la realidad educativa por su mínima necesidad de recursos materiales y su facilidad para ser llevado a la práctica con tan solo la preparación adecuada y motivación por parte de docentes y alumnos.

Aunque se ha desarrollado para un quinto curso de Educación Primaria por aparecer en el Decreto 198/2014 para la toma de contacto con los deportes alternativos, se trata de contenidos que pueden ser abordados desde el inicio de la etapa (juegos cooperativos, alternativos y modificados) y en cursos posteriores, ya que se trabajan durante toda la etapa de Educación Secundaria.

Su principal utilidad es *desarrollar de manera real las competencias clave* del currículo más asociadas con la Educación Física mediante el empleo de una metodología de enseñanza activa adaptada a las exigencias reales de la educación actual, cuyo principal objetivo es conseguir aprendizajes significativos y perdurables en el tiempo de los contenidos trabajados, en este caso el aprendizaje táctico de dos deportes alternativos de invasión.

Y es que otro de los puntos de innovación del proyecto ha sido el uso del Colpbol y la Rosquilla como deportes que por sus características reglamentarias y su facilidad de ejecución técnica posibilitan la integración y participación, y por tanto la mejor asimilación de los aprendizajes y la mejora de la motivación hacia la práctica, de la mayoría de los alumnos alumnas implicados en el proceso de enseñanza-aprendizaje.

Se trata pues de un proyecto que puede tener su continuidad en la enseñanza de cualquier deporte de los que aparecen reflejados en el currículo (individuales, de adversario, colectivos, tradicionales o alternativos), ya que su fuerza reside en la forma de abordar los contenidos en el deporte y la importancia de fomentar un aprendizaje significativo, transferible y generalizable de los aspectos comunes entre deportes de similares características para mejorar tanto la capacidad de aprendizaje deportivo como la capacidad de transferencia y generalización para todos los aprendizajes que puedan afrontar los alumnos durante su etapa educativa y, a la postre, en el desarrollo de su vida adulta.

Destaco por tanto, resumiendo lo redactado hasta ahora, como puntos fuertes de este proyecto:

- *Realista y factible.* Se trata de una metodología pedagógica sencilla para profesor y alumnos y de deportes sencillos que necesitan poco material.
- Favorece la *motivación,* la *participación* y la *integración* por las características de los deportes desarrollados.
- Desarrolla la *capacidad de tomar decisiones* por parte del alumnado, puesto que se enfoca el deporte de manera

global, iniciado mediante juegos simplificados que contemplan los principios tácticos básicos.

- Fomenta el *aprendizaje significativo* y la *transferencia* entre elementos comunes a los deportes que comparten características.

- Se prioriza el *trabajo en equipo* por las características de las actividades realizadas para el aprendizaje del Colpbol y la Rosquilla y las características intrínsecas de estos deportes, así como el desarrollo de estructuras de aprendizaje cooperativo.

- Favorece la *igualdad entre sexos y diferentes realidades sociales*, ya que se realizan agrupamientos mixtos y se trata de deportes que se orientan a la máxima participación de todos los alumnos y alumnas.

- Desarrolla la *capacidad de asumir responsabilidades*, la *tolerancia* y la *empatía* en los alumnos, ya que deben exponer sus propias ideas, discutir, respetar turnos y llegar a acuerdos comunes.

7. FUENTES DE ELABORACIÓN

Arráez (1995). Juegos y deportes alternativos con deficientes psíquicos. *Apunts: Educación Física y Deportes, 40,* 69-80.

Barbero, J.I. (1993). *Materiales de sociología del deporte.* Madrid: La Piqueta.

Barbero, J.C. (2000). Juegos y deportes alternativos en Educación Física. *Efdeportes, 22.* [Revista digital]. Consultado el 27 de abril de 2017 en http://www.efdeportes.com

Blázquez, D. (2006). *Evaluar en Educación Física.* Barcelona: Inde.

Blázquez, D. (2010). *La Educación Física.* Barcelona: Inde.

Bendicho, J. (2010). *El Colpbol, un deporte integrador e igualitario.* Barcelona: Carena.

Bunker, D., y Thorpe, R. (1982). A model for the teaching of games in secondary schools. *Bulletin of Physical Education, 18* (1), 5-8.

Carrera, D. (2016). Como crear nuevos deportes desde la Educación Física. El aprendizaje por proyectos como estrategia práctica motivante. *EmásF, 38.* [Revista Digital]. Consultado el 18 de abril de 2017 en http://emasf.webcindario.com

Delgado Noguera, M.A. (1991). *Los estilos de enseñanza en Educación Física. Propuesta para una reforma de la enseñanza.* Granada: ICE.

Devís, J. (2004). El deporte en la escuela: posibilidades educativas para el nuevo milenio. En V. López Pastor, R. Monjas Aguado y A. Fraile Aranda (Coord.), *Los últimos diez años de la Educación Física escolar* (pp. 77-85). Valladolid: Universidad de Valladolid.

Devís, J. y Peiró, C. (1992). *Nuevas perspectivas curriculares en Educación Física: la salud y los juegos modificados.* Barcelona: Inde.

Fernández-Río, J. (2014). Aportaciones del modelo de Responsabilidad personal y social al Aprendizaje cooperativo. En C. Velázquez, J. Roanes y F. Vaquero (coord.) *Actas del IX Congreso Internacional de Actividades Físicas Cooperativas* (pp. 18-32). Valladolid: La Peonza.

Fernández-Río, J., Calderón, A., Hortigüela, D., Pérez-Pueyo, A. y Aznar, M. (2016). Modelos pedagógicos en educación física: consideraciones teórico-prácticas para docentes. *Revista Española de Educación Física y Deportes, 413,* 55-75.

Fernández-Río, J. y Méndez-Giménez, A. (2016). El aprendizaje cooperativo: modelo pedagógico para Educación Físca. *Retos, 29.* 201-207.

García Ferrando, M. (2009). *Sociología del deporte.* Madrid: Alianza.

González, C., Cecchini, J.A., Fernández-Río, J. y Méndez, A. (2008). Posibilidades del modelo comprensivo y del aprendizaje cooperativo para la enseñanza deportiva en el contexto educativo. *Aula Abierta, 36* (1), 27-38.

Johnson, D. W., Johnson, R. T. & Holubec, E. J. (2013). *Cooperation in the Classroom (9th ed.).* Edina, MN: Interaction Book Company.

La Gaceta extremeña de la educación. Experiencias en el aula (2007, abril). La Rosquilla, un deporte alternativo. Recuperado de http://lagaceta.educarex.es/antiguos/html/1112007/paginas/experiencia12y13.htm

Le Boulch, J. (1984). *La educación por el movimiento en la edad escolar.* Barcelona: Paidós.

Martínez Gámez, M. (1995). *Educación del ocio y del tiempo libre con actividades alternativas.* Madrid: Librerías deportivas Esteban Sanz.

Méndez-Giménez, A. (2005). *Técnicas de enseñanza en la iniciación al baloncesto.* Barcelona: Inde.

Méndez-Giménez, A. (2014). *Nuevas propuestas lúdicas para el desarrollo curricular de Educación Física (2ª edición).* Barcelona: Paidotribo.

Metzler, M. W. (2005). *Instructional models for physical education (3rd ed.).* Scottsdale, AZ: Holcomb Hathaway Publishers.

Ovejero, A. (1990). *El aprendizaje cooperativo. Una alternativa eficaz a la enseñanza tradicional.* Barcelona: PPU.

Picq, L. y Vayer, P. (1969). *Educación psicomotriz y retraso mental.* Barcelona: Científico-médica.

Robles, J. (2009). *Tratamiento del deporte dentro del Área de Educación Física durante la etapa de Educación Secundaria Obligatoria en la provincia de Huelva.* [Tesis doctoral]. Huelva: Universidad de Huelva.

Velázquez, C. (2013). *Análisis de la implementación del aprendizaje cooperativo durante la escolarización obligatoria en el área de Educación Física.* [Tesis doctoral]. Valladolid: Universidad de Valladolid.

8. ANEXOS

ANEXO I. Hoja de registro de acontecimientos para la evaluación inicial del alumnado

Tabla 12. Registro anecdótico para la evaluación inicial del alumnado

Alumno	Participación Integración Cooperación Asunción de roles		Elementos técnico-tácticos básicos		Motivación	
	Carencia	Destaca	Carencia	Destaca	Carencia	Destaca
1.						
2.	Discute por su rol				No se implica	
3.		Buen líder. Se asocia, respeta				Entrega total en el juego y ayuda
4.						
5.				Ocupa espacio		
6.						
7.				Transi-ción		
8.						
9.			Lanza-miento			
10.						

ANEXO II. Hoja de registro del nivel de participación e integración del alumnado, de la cooperación y de la asunción de los roles asignados

Tabla 13. Escala de valoración para la participación, integración, cooperación y asunción de roles del alumnado

Alumno	Participa, se integra y coopera				Asume su rol			
	1	2	3	4	1	2	3	4
1.								
2.								
3.								
4.								
5.								
6.								

Rúbricas para la evaluación de los ítems:

Participación, cooperación e integración

1. Participa esporádicamente en la tarea y no se integra con su grupo.
2. Participa con normalidad en la tarea y se integra con su grupo.
3. Participa y se integra con normalidad en la tarea y se asocia bien con los compañeros.
4. Tiene un alto nivel de participación, se integra y asocia bien con los compañeros y acepta sus opiniones.

Asunción de roles

1. No asume ni desempeña bien el rol asignado en la tarea.
2. Le cuesta asumir su rol pero lo desempeña con normalidad.
3. Acepta su rol en la tarea y lo desempeña bien.
4. Acepta su rol y el de sus compañeros en la tarea, lo desempeña bien y ayuda a sus compañeros a desempeñar el suyo.

ANEXO III. Hoja de registro de acontecimientos sobre la transferencia de los aprendizajes tácticos elementales adquiridos

Tabla 14. Registro de acontecimientos para la evaluación de la transferencia de elementos tácticos defensivos por parte del alumnado

Alumno	Transferencia de los elementos tácticos defensivos							
	Realiza marcajes individuales		Trata de evitar gol o canasta en su meta		Realiza intercepta-ciones		Realiza desplaza-mientos defensivos apropiados	
	sí	no	sí	no	sí	no	sí	no
1.								
2.								
3.								
4.								
5.								

Tabla 15. Registro de acontecimientos para la evaluación de la transferencia de elementos tácticos ofensivos por parte del alumnado

Alumno	Transferencia de los elementos tácticos ofensivos							
	Se desmarca ocupando espacios libres		Se asocia para anotar gol o canasta en meta contraria		Realiza transiciones defensa-ataque		Utiliza el pase y va	
	sí	no	sí	no	sí	no	sí	no
1.								
2.								
3.								
4.								
5.								

ANEXO IV. Cuestionario de valoración subjetiva del alumno sobre la complejidad de las actividades y la motivación hacia la práctica

Tabla 16. Cuestionario de valoración del alumno de las actividades

CUESTIONARIO ANÓNIMO DE VALORACIÓN DE LAS ACTIVIDADES					
Valoraciones: 1 = Muy poco; 2 = Poco; 3 = Suficiente; 4 = Bastante; 5 = Muchísimo.		Grupo: 5ºA			
Valoración	1	2	3	4	5
¿Te han parecido atractivas las actividades realizadas?					
¿Has aprovechado el tiempo de práctica?					
¿Cómo te han parecido las actividades iniciales de difíciles?					
¿Cómo te han parecido las actividades finales de difíciles?					
¿Se ha explicado con claridad durante las tareas el profesor?					
¿Te ha motivado el profesor?					
¿Te ha ayudado el profesor a mejorar durante las tareas?					
¿Practicarías el Colpbol y la Rosquilla fuera del horario escolar?					
¿Qué mejorarías?					

www.ingramcontent.com/pod-product-compliance
Lightning Source LLC
Chambersburg PA
CBHW071110090426
42737CB00013B/2562